EL PARQUE NACIONAL DE
YOSEMITE

Textos de
VIRGINIA WOLFE
MICHAEL SCHANKERMAN

Fotografías de
ANDREA PISTOLESI

Fotógrafos colaboradores
Ken Glaser, Jr., Peter Lik
Philip Coblentz, John Poimiroo
Chris Falkenstein, Virginia Wolfe

Editado por
Ken Glaser, Jr.

BONECHI

Distribución

SMITH NOVELTY COMPANY

460 Ninth Street
SAN FRANCISCO,CA 94103
U.S.A.
Tel: 415-861-4900
Fax: 415-861-5683

EL PARQUE NACIONAL DE YOSEMITE

Yosemite está situado cerca del centro geográfico de la cordillera montañosa de Sierra Nevada en California. Se puede acceder al parque, durante todo el año, por tres autopistas (Autopista 120 desde Manteca, Autopista 140 desde Merced y Autopista 41 desde Fresno) y en determinados períodos del año desde Lee Vining (US 395).

El Parque Nacional de Yosemite está abierto durante todo el año. Los turistas pueden permanecer un día o varias semanas explorando las zonas más recónditas del parque.

Existe una amplia variedad de alojamientos, desde camping y cabañas hasta el magnífico Hotel Ahwahnee, construido en 1927. Reservar con bastante antelación. Abastecimientos, toda clase de artículos e instalaciones recreativas se encuentran disponibles en el parque. Para mayor información :National Park Service, teléfono (209)372-0200.

*Theodore Roosevelt y John
Muir, Glacier Point. Yosemite, 1903.*

El Capitán, Yosemite, principios de 1900

INTRODUCCION

Yosemite es una de las más refinadas obras maestras de la naturaleza. La majestuosidad y la grandiosidad de sus poderosas paredes de granito, la fuerza de sus espectaculares cascadas y la serena belleza del fondo del valle, se combinan para crear perspectivas de extraordinaria belleza. Los viajeros que vienen por primera vez se sienten casi intimidados por la belleza y la magnitud de este lugar mágico. Sintiendo la fuerza de la naturaleza y el sentimiento de espiritualidad que ésta emana, sensaciones e impresiones que perdurarán viaje tras viaje.

Visitar Yosemite en cada una de las diferentes estaciones es como descubrir el parque por primera vez. El fluir de las aguas y el verde exuberante de las hojas en primavera, las flores silvestres y los cálidos días del verano, los colores vibrantes del otoño y el manto de nieve y la sosegada soledad del invierno, son motivos que invitan a regresar a este lugar tan especial. En las páginas siguientes nuestros fotógrafos han capturado la esencia de Yosemite Desafortunadamente una fotografía sólo puede apresar una vista panorámica, un lugar en el tiempo. Pero no puede hacer vivir la emoción ni la espiritualidad que evoca una puesta de sol, vista desde el borde de Glacier Point a 915 m, mientras tiñe las paredes de granito de Half Dome. Como es imposible percibir la sensación del agua gélida de la Cascada de Vernal durante la ascensión del escarpado Mist Trail (Sendero de la Niebla) en una cálida tarde de primavera. Sin embargo estas fotografías les recordarán su visita y seguramente les persuadirán a regresar al Parque Nacional de Yosemite para disfrutar nuevamente de la belleza de una de las más grandiosas maravillas naturales de nuestro país.¡Que se diviertan!.

PERIODO DEL GRAN VALLE

PRIMER PERIODO GLACIAR

PERIODO DEL VALLE MONTAÑOSO

ULTIMO PERIODO GLACIAR

PERIODO DEL CAÑON

PERIODO DEL LAGO

LA EVOLUCION DE YOSEMITE

El Valle de Yosemite y sus alrededores se formaron hace cientos de miles de años como resultado de la elevación de la corteza terrestre, de la glaciación y de la erosión. El modelado glaciar, la erosión creada por el Río Merced y las antiguas cicatrices producidas por el hielo en las imponentes masas de granito son algunos de los testimonios de estos fenómenos de la naturaleza que se pueden ver en el parque.

Los primeros habitantes del Valle de Yosemite fueron indígenas americanos, que gozaron de la belleza natural de esta tierra, mucho tiempo antes de que Cristóbal Colón descubriese América.

El Río Merced creó un paso natural en el valle y constituyó una fuente de abastecimiento de agua, alimentos y una vía de transporte. Los Miwoks se establecieron en el valle y vivieron en armonía con el ambiente hasta la llegada de la Fiebre del Oro de California y la intrusión de la civilización. El Jefe Tenaya y su pueblo mestizo Miwok fueron desalojados de la región cuando un batallón de hombres conducido por el Mayor James Savage entró en el Valle de Yosemite en Marzo de 1851. El Dr. Lafayette Bunnell, médico de la compañía, escribió en un diario sus impresiones después de haber visto los magníficos monolitos y las espectaculares cascadas del valle. La noticia se extendió rápidamente y los primeros turistas llegaron en 1855.

En 1864 el Presidente Abraham Lincoln firmó un decreto del Congreso que concedía el Valle de Yosemite y el Bosque de Mariposa al Estado de California para su conservación en beneficio de la humanidad. Muchas personas, entre ellas Frederick Olmstead, Galen Clark, James Hutchings, Stephen Mather y Theodore Roosevelt, jugaron un papel determinante en la conservación de Yosemite para las generaciones futuras. John Muir, cuyo nombre está particularmente asociado a la conservación de Yosemite, llegó al valle por primera vez en 1868 a la edad de 30 años y fue su asiduo frecuentador. Los continuos cambios que se estaban produciendo fueron para él motivo de gran preocupación, y después de años de lento trabajo, Muir, junto con otras personas, consiguió finalmente que el 1 de Octubre de 1890, el Congreso de los Estados Unidos lo declarase Parque Nacional. En 1892 colaboró en la fundación del Club Sierra que se dedicó a la conservación de las áreas salvajes.

A pesar de todo, Muir no estaba

completamente satisfecho y tuvo que luchar para resolver los problemas entre el Estado de California y las unidades del Ejército Americano destacadas en la zona para vigilar el parque. Muir combatió para garantizar el control total del parque al Gobierno Federal. Theodore Roosevelt visitó Yosemite en 1903. En 1906, finalmente, firmó un proyecto de ley que otorgaba el completo control del Valle de Yosemite y el Bosque de Mariposa al Gobierno Federal.

El ferrocarril de Yosemite comenzó a traer viajeros en 1907, y en 1913 fue permitido el acceso al parque en coche. La pieza final del rompecabezas se colocó en 1916, gracias a los esfuerzos de Stephen T. Mather y Horace M. Albright, con la institución del National Park Service, encargado de la dirección de todos los parques de los Estados Unidos.

Actualmente la conservación del Parque de Yosemite ha sido confiada a algunos grupos de voluntarios que desarrollan su labor con gran celo. El parque se encuentra aún bajo la supervisión y cuidado del National Park Service. Más de tres millones de personas visitan el parque cada año. Con esta gran afluencia, el National Park Service debe intentar establecer un delicado equilibrio entre el turismo y la conservación, un trabajo difícil para lograr salvar uno de los tesoros de la naturaleza.

EL CAPITAN

Uno de los primeros elementos que llaman la atención del viajero que llega a Yosemite es, sin duda, el famoso El Capitán. Granito pulido que se eleva en una impresionante pared escarpada, seguramente una de las más bellas del mundo. El Capitán asciende con una increíble pendiente, en algunos puntos saliente, a 3000 pies(915 m) convirtiendo en minúsculas las mayores estructuras arquitectónicas realizadas por el hombre.
Las bellas proporciones de El Capitán hacen que parezca menor de cuanto es en realidad. Por ejemplo, los pequeños árboles que apenas se distinguen en la cima, esas manchas de verde que parecen arbustos, son en realidad pinos Jefferey y Ponderosa, que superan los 30 m de altura.
Después de un tiempo observando El Capitán se puede ver la luz del sol que juega con la cara "esculpida" de la montaña. Algunas veces cuando las nubes pasan veloces ante los riscos escarpados, la inmensidad de El Capitán se puede apreciar fácilmente. A medida que la luz cambia durante el día algunas formas aparecen y desaparecen. Muchos declaran haber visto el gran "corazón" excavado en la vertiente occidental (izquierda), y el mapa de América del Norte trazado por la sombra de la roca en la vertiente Este (derecha). El "corazón", "la pared de América del Norte" y la protuberancia central (llamada la "nariz"), son puntos de montaña conocidos por los mejores escaladores del mundo. Desde los años cincuenta, El Capitán ha sido una Meca para los alpinistas de todo el mundo, por su situación como centinela de la entrada del Valle de Yosemite.

HISTORIA DEL ALPINISMO

La subida a los picos "peak bagging", una de las primeras formas de alpinismo, comenzó en Yosemite a partir de 1860. Se pueden encontrar trazas de las técnicas modernas de escalada sólo a partir de 1875, cuando George Anderson, por primera vez, fijó una cuerda en torno a la roca curva del espaldón de Half Dome. El verdadero alpinismo deportivo tomó realmente forma a partir de los años treinta, bajo la influencia de los escaladores europeos que habían desafiado durante años las cumbres más abruptas. Las escaladas de Cathedral Spires y de Royal Arches fueron populares durante estos años entre los numerosos jóvenes que después serían la espina dorsal de los movimientos ecologistas. John Salathe, importante escalador, llegó al parque en 1945. Los pitones de acero reforzado para superar las dificultades de las fisuras de los riscos de Yosemite, usados por Salathe, permitieron las primeras tentativas de escalada audaces y ofrecieron la posibilidad de afrontar técnicamente las escarpadas paredes rocosas. Otro importante escalador, Warren Hading, realizó la primera ascensión épica en 1958 de la "nariz" de El Capitán. Otros nombres famosos, Yvon Chovinard y Royal Robins, tienen el mérito de haber realizado por primera vez increíbles escaladas en Yosemite. Son también conocidos por sus equipos de alpinismo y el vestuario deportivo. Yosemite se convirtió en un centro de vanguardia del alpinismo mundial.

Se aumentaron los parámetros de capacidad de escalada y los equipos y accesorios fueron mejorados y desarrollados según las necesidades del momento, por los alpinistas más audaces. Nuevos accesorios técnicos como los sistemas de disposición de levas cargadas por resorte y las botas con suelas de gran adherencia, fueron conceptos desarrollados en el interior de los sagrados confines de Yosemite. En Mayo de 1969, la hoy famosa en todo el mundo Escuela de Alpinismo de Yosemite comenzó su brillante carrera enseñando este deporte de vanguardia. Fue dirigida por Wayne Merry, que participó en la primera ascensión de El Capitán. El personal estaba compuesto por escaladores de la zona que hicieron de Yosemite su casa en el esfuerzo de mantenerse en comunión con la montaña. Algunos de los mejores escaladores han servido de guías, bajo la tutela de la Escuela, y continúan su labor actualmente.

El alpinismo progresa continuamente en Yosemite y como ejemplo se cita una memorable escalada a El Capitán, en Julio de 1989, realizada por dos habitantes de la región. Esta escalada ha sido muy importante porque Mark Wellman, que fue guarda forestal del National Park Service, es parapléjico a causa de un accidente de montaña años atrás, pero su pasión por la montaña se mantuvo intacta. En pareja con Mike Corbett, conocido como ''Sr. El Capitán'' por su récord mundial en número de ascensions, el sueño de Mark, de escalar El Capitán, se hizo realidad. Sistemas técnicos innovadores, esfuerzos hercúleos y una gran determinación les permitieron realizar un proyecto que parecía imposible. Después de la ''milagrosa'' primera vez, se desafió el reto de la abrupta pared de Half Dome, en Septiembre de 1991. Estas empresas representan la esencia del alpinismo en Yosemite...audaz, agresivo y creativo.

A causa del interés siempre creciente del alpinismo y del gran impacto ambiental que ejerce sobre los recursos naturales, el National Park Service está desarrollando el Plan de Gestión del Alpinismo. Uso del alpinismo y estudios sobre su impacto en el medio ambiente se están llevando a cabo en estos momentos, con la intención de lograr un acceso controlado y adecuado para proteger la ''Naturaleza Vertical'' de Yosemite.

Quizás uno de los panoramas más hermosos de Yosemite es la vista de la página siguiente, tomada desde la autopista 41, después de la salida del túnel de Wawona. Este punto panorámico es conocido como Tunnel View y muchas veces se confunde con Inspiration Point, al que se accede por un sendero de aproximadamente 2 Km que comienza en el área de aparcamiento superior. La vista desde aquí es realmente inspiradora, y es uno de los lugares mejores y más interesantes para comprender la topografía y la extensión del Valle de Yosemite.

El Capitán se encuentra a la izquierda, enfrente, a la derecha, la cascada Bridalveil, flanqueada por Leaning Tower y Cathedral Rocks. En segundo plano Sentinel Rock, Half Dome y Cloud's Rest al final del valle.

La altitud del valle, que tiene forma de U, es de 1220 m sobre el nivel del mar, mientras que los bordes ascienden unos 915 m casi en vertical. Este panorama merece la atención aunque uno entre o salga del parque por otros itinerarios. Es desde este punto que el más famoso fotógrafo de Yosemite, Ansel Adams, ha capturado la famosísima imagen "Clearing Winter Storm" (Cuando la tormenta invernal se disipa...), y en cada momento del día o al atardecer se pueden ver fotógrafos profesionales o aficionados que intentan crear una imagen clásica personal.

HALF DOME

Half Dome se yergue majestuosamente a 1488 m sobre el nivel del fondo del valle, en su parte oriental. La cima más llamativa, ha sido utilizada frecuentemente como rasgo distintivo de Yosemite. Durante los meses de verano y otoño, se puede alcanzar la cumbre a través de un sendero de 8,5 millas(unos 13,5 Km) que comienza en Happy Isles y termina con la ascensión en teleférico de la parte del espaldón de Half Dome inclinado hacia la izquierda. La primera escalada con éxito de Half Dome la consiguió George Anderson, habitante de la zona de Mariposa, en octubre de 1875. Anderson fijó una cuerda a la superficie de la roca usando pitones de hierro, facilitando así el acceso a la cima de 13 acres (5,5 ha) a los demás valerosos aventureros que le siguieron inspirados por la misma pasión. Desde que en 1884 una avalancha arrancó la cuerda, fueron pocos los alpinistas que intentaron escalar la cima y sólo treinta y cinco años más tarde, en 1919, el Club Sierra instaló la primera serie de cables de acero. Desde la cumbre los escaladores tienen la posibilidad de ver hasta el Cañón Tenaya en la parte más alejada de la región y muchos de los prominentes picos de la zona Toulemne, como sumergirse en el exuberante verdor del Valle de Yosemite.

La acción glaciar modificó la pared de 2000 pies (600 m), de este sólido bloque de granito, ofreciendo un caballete a la naturaleza para pintar la figura de una bella mujer, los líquenes y las algas que aquí crecen han completado la impresión con sus formas oscuras. Los indios de la zona llamaron a la montaña y a este peculiar rasgo "Tis-sa-ack", por una de sus leyendas.

THREE BROTHERS

Esta formación rocosa ha sido llamada así en honor de los tres hijos del Jefe Tenaya. Estos bloques de granito, que se elevan como las agujas de una iglesia, deben su forma a las junturas maestras, las fracturas en la roca que atraviesan la estructura geológica de la Sierra. La misma triangulación de las paredes escarpadas se encuentra en numerosas partes del valle-Glacier Point y a la derecha de Indian Canyon. La continua actividad rocosa pasada y presente en el perímetro de Three Brothers ha modificado la pared del "hermano" del medio, que es evidente por el aumento de la inclinación en la parte inferior. Esto recuerda al turista que se encuentra en un medio natural en constante evolución. El punto más elevado, llamado Eagle Peak, alcanza los 7779 pies (2371 m), y se encuentra a 3779 pies (1779 m) sobre el nivel del fondo del valle. Este es el punto más elevado del límite septentrional y es otro destino posible para una excursión de una jornada, desde un sendero situado en la parte superior del de Yosemite Falls (Cascadas Yosemite).

CATHEDRAL ROCKS Y SUS AGUJAS

Creando el fondo de la cascada de Bridalveil, se encuentra Cathedral Rocks, que los más ancianos recordarán con el nombre de "Las tres gracias". Las agujas han sido llamadas así por uno de los primeros moradores del parque, James Hutchings en 1862, y son bien visibles desde el puente y el prado de El Capitán. De acuerdo con otro de los primeros cronistas, los Indios Ahwahneechee llamaron a las agujas "POO-SEE-NA-CHUC-KA"(Rocas a prueba de ratón) por su semejanza con las cabañas en las que almacenaban los víveres. Ambas agujas miden unos 2000 pies de altura (unos 600 m)sobre el nivel del fondo del valle.

SENTINEL ROCK

Sentinel Rock es una de las más sugestivas formaciones graníticas del Valle de Yosemite. Su cumbre se encuentra a 3073 pies (923 m) sobre el nivel del valle y la montaña debe su nombre a su semejanza con una gran torre vigía. Se formó hace cientos de miles de años por la acción de los hielos durante las glaciaciones. La cascada de Sentinel se encuentra a la derecha de la montaña cuando el Sentinel Creek (torrente Sentinel) busca su camino hacia el Río Merced en el valle. Detrás de la cascada Sentinel se alza Sentinel Dome, accesible sólo a pie, cuya cúspide se encuentra a 8122 pies (2476 m) ofreciendo uno de los más espléndidos panoramas del valle.

EL RIO MERCED

El Río Merced fluye formando meandros a lo largo de las 7 millas (11, 26 Km) del Valle de Yosemite y está alimentado por las aguas provenientes de las zonas altas. Corre fuera del valle, en el fondo de una abrupta garganta hacia El Portal y después 18 millas (29 Km) a través del cañón del Río Merced, al que se puede acceder desde Mariposa con la autopista 140. El curso natural del río termina en Bagdy Dam (embalse Bagdy) a varios kilómetros de distancia, en las bajas estribaciones y contribuye a la irrigación de la agricultura del Central Valley de California. Esta sección inferior del Merced ganó su estatus de natural y panorámico después de los enormes esfuerzos realizados para salvarla del proyecto de construcción de un embalse hidroeléctrico en los años 80. Durante el verano el río es un auténtico parque recreativo. En primavera, el río aumenta su caudal por efecto del deshielo dando paso más adelante a un perezoso y tranquilo caudal para el placer de "rafters" y bañistas, uno de los mejores modos de ver el Valle de Yosemite. Nadar y vadear es más divertido cuando la temperatura aumenta. Después de un reanimante y refrescante baño en las cristalinas aguas del deshielo, uno se puede recuperar en las cálidas arenas de la ribera.

Aunque la introducción de la pesca no ha sido muy bien acogida, este deporte es una relajante ocasión para disfrutar de una agradable jornada en el Valle. Es necesaria la licencia de pesca y las recientes disposiciones del National Park Service han limitado el uso de anzuelos de púas en algunas partes del río. Se han realizado grandes esfuerzos para intentar aumentar la población piscícola y actualmente se están desarrollando estudios y programas de rehabilitación para intentar poner remedio a los efectos del impacto humano en las riberas de los ríos.

El paso de las estaciones se manifiesta muy claramente en las riberas del Merced. Durante el otoño e invierno, el agua que se retira deja algunos lagos que como espejos reflejan las vertientes del valle que los rodea. Fragmentos helados del río forman placas de hielo que dejan ver las aguas turbulentas. Las montañas recubiertas de una capa de nieve blanca y pura parecen lucir un frágil collar de hielo. Los diferentes hábitats del parque proporcionan a más de 120 especies lugares de nidificación, descanso y caza. Si se sientan

a orillas de las riberas del río, sin hacer ruido, es posible reconocer, con un poco de buena suerte el mirlo acuático, el famoso pajarillo, único por sus zambullidas en el agua para procurarse al alimento. El ánade salvaje anida aquí durante la primavera y el verano y crece a sus crías en las marismas del río. Los aficionados a la ornitología pueden reconocer fácilmente el martín pescador con collar, los numerosos mirlos comunes, papamoscas, pitos dorados y pájaros carpinteros también. Uno de los pájaros más comunes es el grajo de Steller, con el cuerpo azul brillante y la cabeza con una cresta oscura. Los rumorosos grajos se pueden ver en todo el parque y son muy populares entre los excursionistas. El desfiladero del bajo Merced es el hábitat de la águilas doradas, que anidan en los riscos más remotos del cañón. El acrobático halcón peregrino se puede sólo ver en el Valle de Yosemite, y es conocido por sus espectaculares descensos en picado.

Yosemite es también el hogar de una gran variedad de mamíferos. Entre los más comunes se encuentran los ciervos de cola negra, prociones, mofetas, conejos, varios tipos de ardilla, zorros y coyotes. El oso negro americano (en realidad es pardo) y el puma (o león de las montañas) viven en el parque y pueden ser peligrosos. Se ruega no dar de comer a los animales. Respétenlos como se merecen y recuerden que están de visita en su casa.

LA CAPILLA

La singular Capilla de Yosemite, que cuenta 110 años, fue la primera estructura del parque que se incluyó en el Registro Nacional de Lugares Históricos en 1973. Es también el primer edificio que se ve a mano derecha del nudo que forma la entrada al valle y crea un contraste sorprendente con lo que normalmente se entiende por una "Catedral de la Naturaleza". Las posibilidades de hacer bellas fotografías son múltiples, especialmente en primavera y en otoño cuando las encinas cambian sus colores. Al servicio de la parroquia y de los viajeros que vienen de todo el mundo, esta capilla ecuménica celebra funciones religiosas, ceremonias conmemorativas y también numerosos matrimonios. Ha sido también lugar de culto para muchas autoridades en visita. Los miembros de la iglesia y los habitantes de la comunidad mantienen y participan en la operación de vigilancia y continua manutención de la pequeña iglesia.

EL AHWAHNEE

Cuando se entra en el Hotel Ahwahnee, se tiene la sensación de ser transportados a través del tiempo a una época en la que la elegancia decadente estaba de moda.¿ Nos encontramos en una catedral fuera de lugar, o bien en un ala perdida del Castillo de Hearst? Afortunadamente, se encuentra todavía en plena naturaleza, aunque está participando de los sueños hechos realidad de Stephen T. Mather, el primer director del "Sistema de Parques Nacionales", un concepto naciente en la época. En un innovativo esfuerzo para incrementar fondos y ayudas para sus recientes gastos, Mr. Mather comprendió que la alta sociedad y las personas influyentes necesitaban ser animadas a visitar los grandes tesoros nacionales. A principios de los años veinte, visitar un parque significaba acampar al aire libre o alojarse en los anticuados y mínimamente equipados hoteles de la época. Por eso tuvo la intuición de crear un hotel de primera categoría que pudiese ofrecer confort en plena naturaleza salvaje. En este caso tenía que ser especial y adaptado al paisaje que lo rodeaba, un concepto revolucionario en el

momento; tal proyecto exigía un sincero empeño y una gran atención, fueron elegidas para su realización las personas más adecuadas y conocedoras de Yosemite. El personal del National Park Service, el Parque Yosemite y la Curry Company fueron los elementos claves de esta realización. El arquitecto Gilbert Stanley Underwood fue elegido para proyectar el edificio. Don y Mary Tressider, de la Curry Company, miembros de una de las primeras familias de hoteleros del parque, insistieron en el concepto de motivos indios como tema decorativo. Todo tenía que ser adecuado a su "medio natural". Una idea tal, exigía naturalmente que los materiales utilizados fuesen el granito y la madera y las paredes altísimas. Cuando se visitan las zonas abiertas al público, la recepción, el gran salón y el comedor, se podrá constatar que estos hombres y mujeres han cumplido perfectamente su misión. Después de un trabajo de renovación y de mantenimiento continuo gracias a quienes regentan la concesión actualmente, el concepto inicial es aún perceptible. En el hall, por ejemplo, se puede admirar un magnífico pavimento de mosaico. Las vigas de madera y las paredes del Hotel Ahwahnee, están decoradas con una serie de motivos tomados de la cestería india. No se pierdan las grandes acuarelas de Gunnar Widforss, pintadas en los años veinte, en las que plasmó algunos de los más bellos lugares de Yosemite en el encantador estilo de los paisajistas del natural del momento. Párense a contemplar el mural situado sobre la chimenea en el hall, donde se encuentra el ascensor. Visiten el gran salón y gocen de las bellas cristaleras que adornan y enmarcan la grandiosa vista del exterior. Asegúrense de visitar el solario con sus inmensos ventanales, marco ideal del espléndido paisaje;y el cercano Winter Club Room (Salón del Club de Invierno) que guarda la memoria de históricas actividades invernales en el parque. Enfrente, la sala de escribir está decorada con un mural, paredes recubiertas de madera y una pequeña chimenea rinconera evocando la atmósfera de un castillo inglés.

Para continuar con la moda inglesa, las fiestas navideñas se celebran con el Dinner Bracerbridge, que se inspira en la historia de una fiesta de Navidad en la Inglaterra medieval escrita por Washington Irving. Los actores vestidos con alegres colores lucen trajes del s. XVII y animan a los invitados a participar alegremente a las diversiones y al regocijo de la ocasión. Cada diciembre, se organizan una serie de espectáculos durante la cena. Las entradas para asistir a estas populares galas se ofrecen a través de un sistema de lotería que garantiza un justo acceso a las limitadas plazas. El hotel se viste con decoraciones navideñas y basta pasear por los salones y pasillos para sentir la excitación de las fiestas.

Abierto al público desde julio de 1927, el Hotel Ahwahnee ha tenido una historia interesante. El hotel ha estado al servicio de personajes muy conocidos en la época, actores, políticos, miembros de la alta sociedad y de la realeza. Entre los que han visitado recientemente el parque se encuentran Su Majestad la Reina Isabel II de Inglaterra y Su Alteza Real el Príncipe Felipe, Duque de Edimburgo, en marzo de 1983.

Actualmente el Hotel Ahwahnee sigue entreteniendo a personajes de la élite mundial, mientras que todavía es accesible a los turistas del National Park. Hay siempre campistas y excursionistas deseosos de entrever la elegancia de un tiempo pasado.

LAS CASCADAS DE YOSEMITE

Las cascadas de Yosemite son, sin duda, el espectáculo más sorprendente del valle. Alcanzan los 2500 pies (762 m) y tienen el honor de ser el primer rasgo característico de Yosemite dibujado y dado a conocer por el artista Thomas Ayres. A su lado se encuentra un lugar único, Lost Arrow, con una altitud de 1500 pies (457 m) que debe su nombre a una de las leyendas de los indios de la zona.

Al principio de la estación, los turistas que pueden ver las cascadas en el máximo de su caudal y fuerza quedan fascinados, en cambio durante el final del verano y otoño sufren una gran desilusión pues ven una pared seca y árida. Las cascadas de Yosemite están alimentadas por la nieve acumulada durante el invierno y un rápido deshielo determina la duración de la cascada. A veces por acción de las violentas tormentas de verano, la capacidad hídrica de las cascadas aumenta considerablemente a proporciones torrenciales. El sendero que conduce a la parte superior de las cascadas comienza aproximadamente a 2,4 Km al oeste del parking de Lower Fall . Es una extenuante escalada de 2000 pies (600 m), se recomienda a los senderistas llevar agua, usar buen calzado de montaña y prever una jornada entera de descanso a mitad de camino.

CASCADA VERNAL

Yosemite es famosa en el mundo entero por el senderismo y uno de los más bellos y conocidos es el sendero de las cascadas Vernal y Nevada. Parte de Happy Isles y es aquí donde comienza la escalada en vertical. El rumor producido por el agua que choca con la roca añade espectacularidad a este escenario grandioso. Se vislumbra por primera vez la cascada Vernal desde un puente que se encuentra más abajo. Cercano se encuentra el famoso Mist Trail(Sendero de la Niebla). Una subida escarpada formada por bloques de granito a pocos pasos de las aguas tumultuosas. Durante el máximo caudal en primavera y comienzos del verano, no es extraño encontrarse empapado hasta los huesos por la niebla. Una vez alcanzada la parte más alta de la cascada Vernal, llega el momento de detenerse a la orilla de Emeral Pool (Lago Esmeralda), rodeado por el granito pulido y casi abrillantado por la acción del agua y del hielo del año anterior. Después de un pequeño descanso, se puede continuar hasta la cascada Nevada, otro escenario de magnífica belleza.

Estas espléndidas cascadas saltan desde un estrecho conducto y se desploman en un impresionante desnivel de 594 pies (181 m). A medio camino las aguas impetuosas forman una encantadora cortina natural. Esta vista recompensa a los intrépidos senderistas, pero hay que recordar que este panorama sólo se puede disfrutar desde una cierta distancia, en dirección a Glacier Point. Este es uno de los espectáculos más sublimes de Yosemite y no pueden perderse este regalo de la naturaleza.

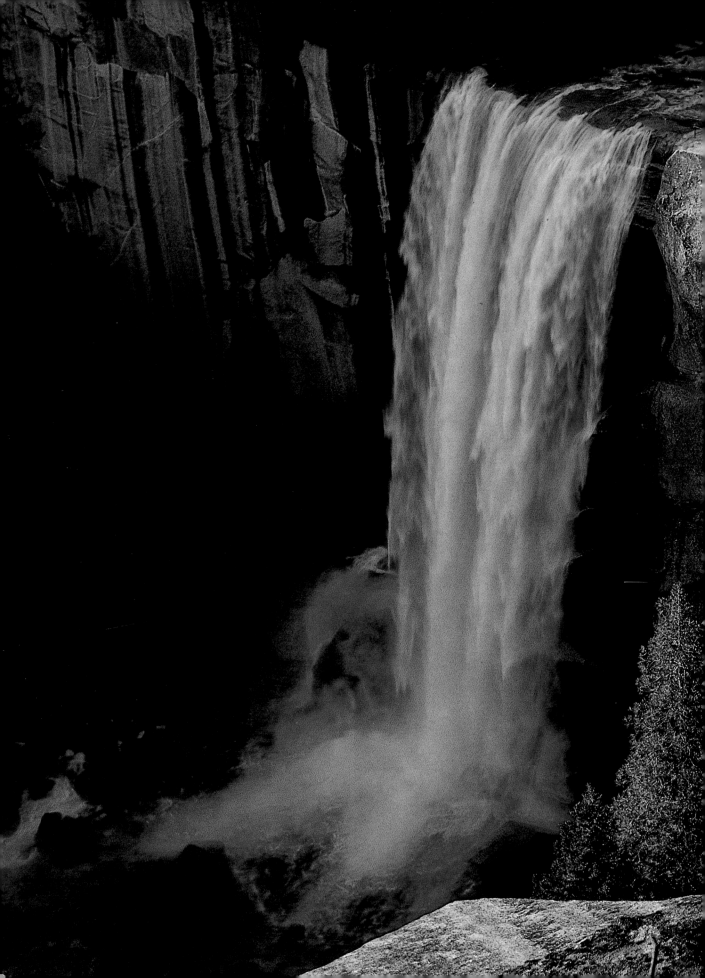

Otras cascadas del parque se pueden ver fácilmente desde el fondo del valle, como la cascada Bridalveil y la cascada Ribbon. La cascada Bridalveil alcanza un desnivel de 620 pies (189 m) y se encuentra a la izquierda de Leaning Tower. Fluye durante todo el año pero el caudal disminuye mucho a finales del verano. La cascada Ribbon, a la izquierda de El Capitán, tiene la mayor caída libre del valle, 1612 pies (492 m). El caudal de la cascada Ribbon, tiene una vida muy corta y normalmente se seca en Julio y Agosto..

GLACIER POINT

La fantástica vista que se goza desde el Glacier Point, ofrece al excursionista la posibilidad de apreciar la perspectiva general de la topografía del Parque Nacional de Yosemite. Al pie de una pared con 3000 pies (915 m) de desnivel vertical, el turista impresionado por el vértigo puede ver el Curry Village. Poco distante, en dirección norte, en el otro lado del valle más allá de Curry Village, el imponente Hotel Ahwahnee parece un castillo de juguete hecho con guijarros. Las enormes praderas del valle semejan manchas verdes y marrones; los pinos gigantes, sólo hierba. Todavía más espectacular es la cadena de montañas que rodean el parque. Panoramas increíbles de la High Sierra circundan al excursionista. Formaciones que parecen simples peñascos son en realidad enormes cumbres abruptas, a las cuales pueden sólo acercarse intrépidos y apasionados escaladores. En un día límpido estas cumbres pueden ser vistas desde al menos 50 millas (80 Km) del Glacier Point. Entre Glacier Point y estas cimas lejanas, se encuentra una "tierra de las maravillas" formada por masas de granito esculpido por la

erosión, como las olas de un mar tempestuoso petrificado. Los glaciares esculpieron este desierto de granito dándole las maravillosas formas que podemos ver hoy. Se puede sólo imaginar qué fantásticas transformaciones ocasionará la próxima glaciación, sin embargo, los cursos de agua siguen excavando y profundizando continuamente los desfiladeros. Estos cursos de agua confluyen en el Valle de Yosemite formando una de las series de cascadas más bellas del mundo.
Half Dome es quizás el elemento más sugestivo que se puede ver desde Glacier Point. Este característico bloque de granito esculpido divide la cuenca del Río Merced de la de su afluente Tenaya Creek. Detrás de Half Dome surge el llamado Cloud's Rest, creando la mayor pared monolítica de granito del mundo. Desde Glacier Point en dirección Este, la vista de dos impresionantes y lejanas cascadas producen un gran impacto al viajero. La superior se llama cascada Nevada. El Río Merced sufre una caída de 594 pies (182 m) en una graciosa extensión bajo la pared rocosa angular. Pocos metros más abajo, la cascada

Vernal forma una sugestiva y armoniosa caída en vertical de otros 317 pies (97 m).

En dirección Norte, a la izquierda de Half Dome se encuentra Chief Tenaya, un valle glaciar visible pero inaccesible. La larga y graciosa cascada del cañón Tenaya se llama Cascade Fall. A la izquierda de este cañón casi al Norte de Glacier Point, se encuentran las bellísimas y redondeadas Basket y North Domes. Bajo North Dome, que forma la pared situada detrás del Hotel Ahwahnee, se halla la espectacular formación llamada Royal Arches. Al Oeste de Royal Arches, Yosemite Point, Lost Arrow y las cascadas Yosemite completan el panorama más importante.

Glacier Point, fue el lugar donde se instaló uno de los primeros albergues que acogió a los turistas de Yosemite. James McCauley y su mujer dirigieron la Casa de Montaña del Glacier Point desde 1872 hasta 1877. El Sr. McCauley fue el creador de la famosa "Cascada de fuego", que se convirtió a través de los años en una tradición de Yosemite. Cuando la noche cae sobre el valle se dejan caer libremente por más de 1000 pies (300 m) tizones ardientes desde lo alto de la pared de granito de Glacier Point, hasta la cornisa inferior. Este evento espectacular era visible desde muchas zonas del valle, pero el punto mejor y más conocido para verlo era Camp Curry. "La cascada de fuego" fue suspendida durante algunos años a fines del XIX, y en el siglo siguiente, David Curry comenzó a ofrecerla de nuevo. La familia Curry fue la principal hotelera de Yosemite y siguió presentando el espectáculo nocturno de "la cascada de fuego" durante los meses de verano hasta el 1968.

El hotel Glacier Point con sus 90 habitaciones, fue construido en 1917. El panorama era espectacular pero el hotel no tuvo mucho éxito, porque la mayor parte de los turistas preferían estar en el valle. Tanto el refugio como el hotel fueron destruidos por un incendio en 1969.

En Yosemite el paso de las estaciones es visible en los colores de las hojas de los árboles, los arbustos y las praderas. A causa de la variedad de altitud de las distintas zonas del parque, las estaciones actúan sobre el paisaje en momentos distintos, comenzando normalmente desde las zonas menos elevadas hasta las zonas más altas, a medida que la estación se desarrolla.

Durante la primavera, después de un largo y somnoliento invierno, los pequeños brotes comienzan a aparecer en los árboles de hoja caduca. Los arces de hoja ancha, los sauces y los robles negros de California, comienzan a vestir sus ramas desnudas con pequeñas y delicadas hojas en varias tonalidades de verde. El signo más evidente que anuncia el fervor primaveral lo da el cornejo del Pacífico, cuyas grandes y floridas brácteas con su blancura cubren el bosque de delicados encajes. El cornejo es entre todos los árboles autóctonos el más alegre para celebrar el regreso del calor del sol. Se mantiene en flor hasta junio.

En las praderas adormecidas bajo una capa de nieve, comienza a brotar la nueva hierba, los helechos, el cáñamo y los carrizos.

El verano se establece en Yosemite cuando el verde colorea todos los árboles del parque. Los reflejos luminosos creados por robles y arces

hacen resaltar el verde profundo de los pinos Ponderosa, los prados cambian del verde exuberante al alegre adorno de las flores silvestres, dándoles la apariencia de paletas de pintor con sus maravillosos colores. El rosa púrpura del dodecatheon, las blancas e hinchadas tormentillas, las caras amarillas del mimulus, y el rojo brillante del hieracium, son algunas de las flores que crecen en estas praderas.

A mediados de Septiembre se pueden ver las primeras insinuaciones del otoño. Los cornejos exhiben sus racimos de bayas anaranjadas, a pesar de que el clima se mantiene cálido, las hojas de los árboles comienzan a volverse anaranjadas y marrones, y esto significa que el verano está llegando a su fin. La hierba de los prados comienza a secarse, los tallos de la euforbia y del cáñamo adquieren una tonalidad rojiza y las hojas, amarillentas. Los helechos cambian de color y son como grandes hojas que cubren el suelo del bosque. De vez en cuando manchas rojizas destacan entre el verde de los cornejos, anunciando el palpitante espectáculo que llegará. Yosemite tiene la gran fortuna de poseer una amplísima variedad de árboles de hoja caduca, arbustos anuales, hierba que cambia de tonalidad. Alamos temblones, arces de hojas anchas y robles se muestran en todo el esplendor de la gama de los amarillos, ocres y rojizos. Contrastando con el rojo vivo del cornejo, los colores incitan al espectador a alegres reacciones, el impulso irresistible de disfrutar de estos exuberantes colores.

Además de todo esto, este momento especial del año da paso a las tormentas que hacen caer las hojas de las ramas, abatiendo los tallos secos de la hierba y preparando la tierra para el largo invierno. Mientras que una gran parte de la vegetación de Yosemite duerme durante los meses invernales, los pinos y abetos se muestran en su mejor momento. Los días oscuros y nublados, se iluminan con las imágenes de las altas cumbres cubiertas de una nieve blanca y pura. La blancura exalta las diferentes formas de las coníferas, el follaje azul-verdoso de las secuoyas, el verde-amarillento de los cedros y enfatiza sus rojas cortezas cuarteadas. Las grandes ramas de los pinos Sugar, destacan sobre el fondo animado por los pinos Ponderosa. El verde amarillento de los líquenes fruticosos que crecen en los árboles entran en escena con sus espectáculos de color.

Yosemite es un lugar milagroso para contemplar y gozar del paso de las estaciones reflejado en su follaje.

HOTEL WAWONA

Se halla a 6 millas (10 Km) de la entrada sur del parque por la autopista 41. El histórico Hotel Wawona está situado en una colina cubierta de hierba con un cuidado campo de golf de 18 hoyos. El hotel ha sido reconocido monumento histórico nacional, ofrece un confortable alojamiento y agradables comidas en su comedor decorado como en tiempos pasados. El Wawona ha sido llamado por los habitantes de la zona "la cuna de Yosemite". El hotel está impregnado del ambiente de otros tiempos en los que la vida transcurría lenta y tranquila: sentarse en el porche tomando un refresco y entretenerse mirando a los bañistas que se divierten en la pequeña piscina o el agua que mana de la fuente entre las rocas, gozar de la deliciosa Hill House, que ha sido restaurada, y que fue estudio del artista Thomas Hill. Sin duda la historia del hotel data de comienzos de siglo. El área fue inicialmente

habitada por Galen Clark, primer guarda de Yosemite. La Clark's Station, como era conocida, se convirtió con el tiempo en una parada para las diligencias, en la larga y polvorienta carretera que conducía al valle de Yosemite desde el valle central. Las viviendas y la tierra fueron adquiridas en 1874 por los empresarios Hermanos Washburn, quienes añadieron nuevas construcciones y mejoraron las instalaciones con el fin de alojar a los numerosos turistas de Yosemite. En los años treinta el National Park Service quiso adquirir este frecuentado lugar de paso hacia el Parque Nacional, y en 1933 compró los terrenos y los edificios. Son el Yosemite Park y la Curry Company, sociedad bien estable, los que se encargan de la gestión del hotel y de la manutención de las instalaciones hoteleras. Todavía hoy es posible apreciar el ambiente histórico y la agradable hospitalidad de Wawona.

MUSEO DE LOS PIONEROS DE WAWONA

Escondido en el margen de la confluencia sur del Río Merced en Wawona, el Centro Histórico de los Pioneros de Yosemite ofrece un auténtico recorrido por el pasado de los pioneros de Yosemite. Aquí se encuentran cabañas restauradas, vehículos de tiro, un puente cubierto y otros edificios que jugaron un papel fundamental en la historia y evolución de Yosemite en años pasados. Durante el verano, para hacer revivir la historia, unos actores se visten con trajes de época y representan el papel de los numerosos primeros moradores de Yosemite. Se puede dar una vuelta montado en una auténtica diligencia, hasta el hotel y gozar de la atmósfera de un tiempo que se ha detenido aquí. Una tienda de regalos y un almacén de ultramarinos, muy cerca de aquí, tienen ə la venta recuerdos de Yosemite.

BOSQUE MARIPOSA

El bosque Mariposa de los Grandes Arboles, en la autopista 41, al sur de la entrada, es una gratificante parada. Tanto paseando como en tour en un trenecillo bajo los árboles, impresiona la inmensidad de su tamaño. Este bosque, llamado Mariposa por Galen Clark, fue seleccionado en 1864, junto con el Valle de Yosemite como la primera área protegida de los Estados Unidos. Es uno de los tres bosques situados dentro del perímetro del Parque Nacional de Yosemite.

Letreros explicativos señalan los lugares de interés. Una reproducción de la cabaña de Galen Clark se encuentra pintorescamente situada en un claro del bosque bajo las coníferas gigantes y alberga el museo local donde durante el verano y el otoño se ponen a la venta publicaciones.

Unos recorridos señalados por los guardas forestales y señalizados con carteles explicativos atestiguan el papel fundamental de los incendios en la maduración y diseminación de las secoyas. Varios estudios han demostrado que los árboles se han regenerado gracias al suelo enriquecido después de un incendio y se han reforzado por la acción del sol que se filtra a través de los calveros del bosque. Su sistema de raíces de dimensiones monstruosas es muy superficial y es a éste que se atribuye la caída de numerosos árboles gigantes. Sus troncos poseen un elevado nivel de tanino y se pudren muy lentamente. Esta parte interior del tronco es vulnerable al fuego y está protegida por la corteza cuarteada exterior que tiene función ignífuga. Esto explica, sin duda, el porqué estos árboles tienen una duración media de vida de 3000 años.

ALTA REGION

Muchos turistas se sorprenden al saber que el Valle de Yosemite es sólo una pequeña parte del Parque Nacional de Yosemite. Una vasta extensión salvaje, que incluye por entero las cuencas de los importantes Ríos Merced y Toulumne, que se extiende por más de 1. 170 millas cuadradas (3000 Km²). Abruptas montañas con picos que superan los 13000 pies (3962 m), circundan esta tierra maravillosa, la pesada nieve invernal se acumula en las laderas de las altas montañas y se derrite bajo el efecto de la deslumbrante luminosidad del sol, formando millares de riachuelos y torrentes de agua cristalina. Estos arroyos confluyen en lagos alpinos como joyas olvidadas en las profundas gargantas de granito. Pocos afortunados montañeros y escaladores que han recorrido esta región han podido deleitarse con algunos de los más bellos panoramas del mundo. Estas áreas espectaculares son sólo visitadas por un mínimo porcentaje de las personas que entran en el parque.

La Alta Región es una especie de tierra sagrada para muchos de los amantes de la naturaleza salvaje y toda la humanidad se ha enriquecido con la conservación de esta región.

PUERTO TIOGA

Atravesando Yosemite desde la parte Este de la Sierra, justo sobre el cañón Lee Vining, se encuentra la entrada Este de Yosemite. El Puerto Tioga se encuentra a más de 9941 pies (3000 m). La altura de la nieve determina la apertura o el cierre de la carretera, pero normalmente se mantiene abierta desde mediados de Junio hasta mediados de Octubre. Este puerto fue utilizado por los Americanos oriundos de ambas vertientes de la Sierra, como una ruta de comercio en épocas lejanas. Después se convirtió en una zona de paso muy frecuentada por los buscadores de oro y plata durante los últimos años del s.XIX, en un principio como un simple sendero, más tarde ensanchada para hacer pasar las vagonetas de la mina y fue adquirida a principios de 1900 por los responsables del Park Service a fin de facilitar el acceso y el pasaje hacia el Parque Nacional de Yosemite.
Custodiado por el Mt. Dana, a un lado, acceder al parque por esta vía ofrece un panorama totalmente diferente del célebre Valle de Yosemite, con perspectivas aún más amplias y un paisaje que no por ser menos conocido es menos dinámico.

YOSEMITE VILLAGE

ROYAL ARCHES

GLACIER POINT

MIRROR LAKE

HALF DOME

VERNAL FALL

NEVADA FALL

Benini '93

INDICE

Página   3:   Introducción
Página   6:   Información Geológica
Página   8:   La evolución de Yosemite
Páginas 10-11:   Accesos de Valley View
Páginas 12-13:   El Capitán
Páginas 14-17:   Historia del alpinismo
Páginas 18-19:   Tunnel View- Niebla Matinal.
Páginas 20-21:   Half Dome
Páginas 22-23:   Three Brothers
Página 23:   Cathedral Rocks y sus agujas
Páginas 24-25:   Sentinel Rock
Páginas 26-29:   Río Merced
Páginas 30-31:   La Capilla de Yosemite
Páginas 32-33:   El Hotel Ahwahnee
Páginas 34-35:   Las cascadas de Yosemite
Páginas 36-39:   La cascada de Vernal
Página 40:   La cascada de Bridalveil
Páginas 42-43:   La cascada de Nevada
Páginas 46-51:   Glacier Point
Página 54:   El Hotel Wawona
Página 55:   El Museo de los pioneros de Wawona
Páginas 56-57:   El bosque de Mariposa
Páginas 58-59:   La alta montaña
Páginas 60-61:   El puerto de Tioga

© Copyright   by CASA EDITRICE BONECHI
Via dei Cairoli 18/b - 50131 Florencia. Italia
Telex 571323 CEB - Fax (55) (5000766)

*Derechos reservados. Ninguna parte puede ser
reproducida sin autorización escrita del editor.*
Las fotos de *Andrea Pistolesi* pertenecen al archivo de
la Casa Editrice Bonechi.
Plano de *Stefano Benini.*
Traducción de: Ana Ortiz Fernández de Traduco snc de
Bulckaen y Bovone
Impreso en Italia por
Centro Stampa Editoriale Bonechi

Sole Agents in North America:
IPS - International Promotion Service, Inc.
798 A Piedmont Ave. - Atlanta, Georgia 30308
Tel: (404) 873-7999 - Fax: (404) 874-3053

ISBN 88-7009-990-3

FOTOGRAFIAS

Todas las fotografías son de ANDREA PISTOLESI
excepto las siguientes:
Philip Coblentz: págs. 18 -19, pág. 29 (arriba), pág. 30
(abajo), pág. 52 (arriba a la derecha), pág. 59 (arriba),
pág. 60 (arriba), pág. 61 (arriba).
Chris Falkenstein: pág. 14
Ken Glaser Jr.: pág. 29 (abajo), pág. 33, pág. 35 (abajo),
pág. 45 (abajo), pág. 51 (abajo), pág. 52 (arriba a la
izquierda,), pág. 53, (arriba) pág. 59 (abajo).
Peter Lik: pág. de los títulos, págs. 10-11,
pág. 17 (izquierda)
National Park Service (Colección Yosemite):pág. 6
John Poimiroo: pág. 32
Virginia Wolfe: pág. 24
Yosemite Park & Curry Company (Departamento de
Comunicación): pág. 3, pág. 7 (adjunto), pág. 9
(arriba), pág. 47, pág. 51, pág. 56